SUCCESSION

DE

Madame Veuve Marie BLANC

MAGNIFIQUES DENTELLES

CINQUIÈME VENTE

A PARIS
DES PRESSES DE D. JOUAUST
Imprimeur breveté
Rue Saint-Honoré, 338

CATALOGUE

DES MAGNIFIQUES

DENTELLES ANCIENNES

DE VENISE, ALENÇON, ARGENTAN, ANGLETERRE
ET MALINES

PIÈCES IMPORTANTES & RARES

Grands Volants, Robes, Châles, Pointes, Garnitures

BELLES DENTELLES MODERNES

Valenciennes, Applications, Broderies, Guipures, Blondes

Dépendant de la succession

DE MADAME VEUVE MARIE BLANC

Et composant la

CINQUIÈME VENTE

Qui aura lieu

HOTEL DROUOT, SALLE N° 8

Les Jeudi 9, Vendredi 10 et Samedi 11 février 1882

A DEUX HEURES

COMMISSAIRES-PRISEURS

Mᵉ ESCRIBE	Mᵉ PAUL COUTURIER
Rue de Hanovre, n° 6	Boulevard des Italiens, 9

EXPERTS

M. CH. GEORGE	M. A. BLOCHE
Rue Laffitte, 12	Rue Laffitte, 44

EXPOSITIONS

PARTICULIÈRE	PUBLIQUE
Le Mardi 7 Février	Le Mercredi 8 Février

DE UNE HEURE ET DEMIE A CINQ HEURES ET DEMIE

PARIS — 1882

CONDITIONS DE LA VENTE

Elle sera faite au comptant.

Les Acquéreurs payeront, en sus des adjudications, CINQ CENTIMES PAR FRANC applicables aux frais.

L'Exposition mettant les Amateurs à même de se rendre compte de l'état des objets, aucune réclamation ne sera admise une fois l'adjudication prononcée.

LE PRÉSENT CATALOGUE SE DISTRIBUE :

à PARIS . . . . . . Chez Me ESCRIBE, Commissaire-Priseur, rue de Hanovre, 6;
— . . . . . . — Me PAUL COUTURIER, Commissaire-Priseur, 9, boulevard des Italiens;
— . . . . . . — M. A. BLOCHE, Expert, 44, rue Laffitte;
— . . . . . . — M. CH. GEORGE, Expert, 12, rue Laffitte;
à LONDRES. . . . — M. ÉDOUARD JOSEPH, 158, New Bond Street;
— . . . . — M. GEORGE DONALDSON, 106, New Bond Street;
à FRANCFORT. . — MM. GOLDSCHMIDT sur la Zeil (Hôtel de Russie);
— . . — MM. LOWENSTEIN frères, 4, Kaiser Strasse;
à AMSTERDAM. . — M. BOAS-BERG, Kalverstraat;
à LA HAYE . . . . — M. SARLUIS, 33, Spuistraat;
à BRUXELLES . . — M. TH. STROOBANT, 9, boulevard d'Anvers.

DÉSIGNATION

1 — Magnifique Volant en vieux point de Venise à la rose, d'une extrême délicatesse d'ornementation et d'une finesse remarquable d'exécution. Long. 4^{m}; haut. 0^{m}23.

2 — Très belle Garniture, en vieux point de Venise à rose, composée : 1° d'un volant de 3^{m}45 sur 0^{m}09 de haut. 2° d'un volant de 2^{m}30 sur 0^{m}05 de haut. 3° d'un volant de 2^{m}40 sur 0^{m}07 de haut.

3 — Très beau Volant en ancien point de Venise, dessin en relief représentant des fleurs au milieu de rinceaux feuillagés. Long. 3^{m}50; haut. 0^{m}15.

4 — Volant en vieux point de Venise, dessin à feuillages, enroulements avec parties en relief. Long. 3^{m}50, haut. 0^{m}25.

5 — Volant en vieux point de Venise, dessin à rinceaux et feuillages. Long. 3^{m}60; haut. 0^{m}25.

6 — Beau Volant en ancien point de Venise, dessin à fleurs et rinceaux en relief. Long. 4^{m}05; haut. 0^{m}28.

7 — Magnifique Volant de Venise, point à la rose, riche dessin d'une finesse remarquable. Long. 4m15; haut. 0m30.

8 — Magnifique Garniture en vieux point de Venise, dessin à enroulements, fleurs et feuillages en relief, composée de : 1° un volant, long. 4m, haut. 0m35; 2° un volant, long. 3m, haut. 0m10.

9 — Beau Volant en vieux point de Venise, avec fleurs se détachant en relief sur un fond à enroulements. Long. 6m; haut. 0m19.

10 — Volant en vieux point de Venise, à fleurs et ornements variés avec contours en relief. Long. 3m55; haut. 0m23.

11 — Volant en ancienne guipure de Venise, dessin à rinceaux. Long. 4m50; haut. 0m16.

12 — Volant en vieux point de Venise, à fleurs et enroulements. Long. 2m80; haut. 0m11.

13 — Beau Volant en ancien point de Venise, dessin à ornements variés, partie en relief. Long. 6m20; haut. 0m18.

14 — Volant en ancien point de Venise, avec dessin à ornements, partie en relief. Long. 4m50; haut. 0m08.

14 *bis*. — Très belle Paire de Rideaux en soie avec Bandes en ancien point de Venise, dessin à fleurs et ornements en relief.

15 — Beau Volant en vieux point de Venise, à fleurs et ornements Louis XIV, à contours en relief et bordure dentelée. Long, $4^{m}10$; haut. $0^{m}14$.

16 — Volant en vieux point de Venise, dessin à ornements, enroulements et contours en relief. Long. $2^{m}15$; haut. $0^{m}14$.

17 — Volant en ancien point de Venise, dessin à enroulements et rinceaux feuillagés, bordure dentelée, contours en relief. Long. $3^{m}20$; haut. $0^{m}09$.

18 — Volant en vieux point de Venise, dessin à ornements, partie en relief. Long. $2^{m}80$; haut. $0^{m}15$.

19 — Très beau Volant en ancien point de Venise, dessin partie en relief d'une très grande finesse d'exécution. Long. $2^{m}55$; haut. $0^{m}55$.

20 — Beau Volant en ancien point de Venise, dessin à fleurs et rinceaux d'une finesse remarquable. Long. $5^{m}20$; haut. $0^{m}40$.

21 — Très beau Volant en ancienne guipure de Venise, à dessins Louis XIV. Long. $3^{m}30$; haut. $0^{m}60$.

22 — Magnifique Volant en ancien point de Venise, dessin à enroulements feuillagés sur fond à réseaux très fins, bords festonnés, travail partie en relief. Long. $3^{m}35$; haut. $0^{m}65$.

23 — Très beau Volant en ancien point de Venise, dessin à fleurs, feuillages et enroulements partie en relief. Long. 3m60 ; haut. 0m65.

23 *bis*. — Deux Manches analogues.

24 — Très beau Volant en vieux point de Venise, riche dessin à fleurs et enroulements, travail partie en relief. Long. 2m90 ; haut. 0m60.

25 — Très beau Volant en vieux point de Venise, dessin d'une finesse remarquable à semis de fleurs partie en relief. Long. 2m70 ; haut. 0m50.

26 — Très beau Volant en ancien point de Venise, dessin à grandes palmes et fleurs sur fond à réseaux très fins. Long. 3m00 ; haut. 0m60.

27 — Magnifique Volant en ancien point de Venise, riche dessin à enroulements, feuillages et fleurs avec contours partie en relief. Long. 3m45 ; haut. 0m60.

27 *bis*. — Deux Manches semblables.

28 — Volant en vieux point de Venise, dessin Louis XIII, à fleurs et rinceaux, avec contours en relief. Long. 4m ; haut. 0m09.

29 — Volant en ancienne guipure de Venise, dessin à fleurs et rinceaux. Long. 3m70 ; haut. 0m15.

30 — Volant en ancienne guipure de Venise. Long. 5m ; haut. 0m20.

30 *bis*. — Deux Manchettes et une Pèlerine analogues.

31 — Volant en ancien point de Venise, dessin Louis XIII, fleurs, feuillages et rinceaux. Long. 3m90; haut. 0m27.

32 — Volant en vieux point de Venise à rinceaux et fleurs partie en relief. Long. 3m70; haut. 0m17.

33 — Bordure de tapis en ancien point de Venise, riche dessin à fleurs et feuillages relevé de parties en relief. Long. environ 4m00; haut. 0m18.

34 — Volant en vieux point de Venise orné de fleurs et de rinceaux avec partie en relief, bordure dentelée. Long. 6m75; haut. 0m09.

35 — Volant en vieux point de Venise, dessin Louis XIII à fleurs et rinceaux, contours en relief. Long. 4m; haut. 0m13.

36 — Volant en ancien point de Venise à la rose d'un travail remarquable. Long. 4m50; haut. 0,07.

37 — Volant en vieux point de Venise, dessin à ornements et rinceaux variés. Long. 2m20; haut. 0m09.

38 — Coupe de vieux venise. Long. 1m00; haut. 0m09.

39 — Garniture de corsage en ancien point de Venise à la rose, grande finesse d'exécution.

40 — Très belle Garniture de corsage en vieux point de Venise, dessin en relief, composée de rinceaux et de feuillages, bordure dentelée.

41 — Deux Manches en vieux point de Venise, riche dessin semé de fleurs et de feuillages au milieu de rinceaux, bords dentelés d'une grande finesse.

42 — Deux Manches en vieux point de Venise, dessin délicat à fleurs et branchages.

43 — Coupe en vieux point de Venise. Long. 1m35 ; haut. 0m06.

44 — Coupe en vieux point de Venise. Long. 1m25 ; haut. 0m08.

45 — Coupe en ancienne guipure de Venise, dessin à feuillages et vases ; bordure dentelée. Long. 1m80 ; haut. 0m09.

46 — Col et deux Poignets en vieux point de Venise, dessin Louis XIII.

47 — Coupe d'ancienne guipure de Venise, motif d'ornementation, à rinceaux. Long. 1m30 ; haut. 0m09.

48 — Coupe en ancienne guipure de Venise. Long. 4m80 ; haut. 0m08.

49 — Joli Col en ancien point de Venise, formant pèlerine, dessin partie en relief, grande finesse.

50 — Coupe en vieux point de Venise, ornements délicats et fleurs avec contours en relief. Long. 0m85 ; haut. 0m25.

51 — Volant en ancienne guipure de Venise, dessin à grands rinceaux et entrelacs. Long. 3m10 ; haut. 0m30.

52 — Volant dentelé en ancienne guipure de Venise, dessin à œillets et feuillages enlacés. Long. 4m35 ; haut. 0m15.

53 — Volant en ancienne guipure, dessin à rinceaux et feuillages. Long. 4m45 ; haut. 0m18.

54 — Volant en ancienne guipure, dessin à fleurs et feuillages. Long. 4m60 ; haut. 0m17.

55 — Beau Dessus d'ombrelle en ancienne guipure de Venise, dessin très fin.

56 — Coupe d'ancienne guipure de Venise, dessin à branchages feuillagés. Long. 4m30 ; haut. 0m08.

57 — Pèlerine en ancienne guipure de Venise, dessin à fleurs et branchages.

58 — Coupe en ancien point de Venise, à bords festonnés, riche dessin, avec parties exécutées en relief. Long. 1m80 ; haut. 0m15.

59 — Volant dentelé en crochet vénitien, dessin à rosaces et lambrequins ajourés. Long. 3m65 ; haut. 0m10.

60 — Joli Volant dentelé en ancien point de Venise, riche dessin à grandes fleurs et feuillages, réseaux très fins. Long. 3m60 ; haut. 0m14.

61 — Beau Volant en ancienne guipure d'Angleterre, à très riche dessin, motif de fleurs et feuillages, sur réseaux variés de finesse. Long. 2^m90; haut. 0^m60.

61 *bis*. — Deux Manches analogues.

62 — Beau Volant dentelé en ancien point de Venise, dessin à fleurs, réseaux très fins. — Long. 3^m60; haut. 0^m11.

63 — Coupe de vieux point de Venise, dessin à fleurs et rinceaux. — Long. 7^m80; haut. 0^m07.

64 — Volant dentelé en ancien point de Venise, dessin à fleurs et feuillages. Long. 10^m15; haut. 0^m05.

65 — Deux Manches en ancien point de Venise, dessin, ornements, fleurs et feuillages, partie sur réseaux très fins. Long. 2^m; haut. 0^m13.

66 — Beau Parement de corsage en ancien point de Venise, dessin à fleurs et palmes à réseaux très fins par parties. Long. 2^m; haut. 0^m05.

67 — Entre-deux en filet de Venise. Long. 5^m50; haut. 0^m05.

68 — Coupe d'entre-deux en filet de Venise. Long. 2^m; haut, 0^m03.

69 — Coupe d'entre-deux toile brodée de Venise. Long. 10^m30; haut. 0^m07.

70 — Deux manches en ancienne guipure de Venise, dessin à vases, feuillages. Long. 1m80; haut. 0m09.

71 — Garniture de cou et deux manches en ancienne guipure de Venise, dessin à palmes et ornements. Long. 3m55; haut. 0m09.

72 — Garniture de col et deux manches en ancien point de Venise, dessin à fleurs, feuillages avec contours en relief. Long. 2m85; haut. 0m07.

73 — Deux Quilles en vieux point de Venise, riche dessin à fleurs et feuillages. Long. 2m25.

74 — Coupe en vieux point de Venise, riche dessin, semis de fleurs et de feuillages, bordure à lambrequins. Long. 2m10; haut. 0m12.

75 — Coupe en ancien point de Venise, à bords festonnés, dessin à médaillons alternés de feuillages. Long. 3m50; haut. 0m08.

76 — Deux Quilles en vieux point de Venise, dessin à grands ramages et bords festonnés. Long. 2m10.

77 — Coupe en vieux point de Venise, à fleurs, feuillages et bords festonnés. Long. 1m85; haut. 0m07.

78 — Deux Quilles en vieux point de Venise, dessin à fleurs et feuillages. Long. 2m25.

79 — Longue Barbe en point de Venise, riche dessin à fleurs et palmes à contours en relief. Long. 2^{m}.

80 — Barbe en vieux point de Venise, dessin à feuillages et rinceaux avec contours en relief, réseaux très fins. Long. $1^{m}50$.

81 — Quille en ancien point de Venise, à bords festonnés, dessin à fleurs et feuillages. Long. $1^{m}10$.

82 — Deux Coupes de venise, dessins variés. L. $1^{m}90$; haut. $0^{m}10$.

83 — Quille et manches en point de Venise. Long. $2^{m}45$.

84 — Deux Manches en guipure de Venise. Long. 2^{m}; haut. $0^{m}09$.

85 — Coupe d'entre-deux en guipure vénitienne, à dessins en relief. Long. $1^{m}60$; haut. $0^{m}06$.

86 — Coupe d'ancienne guipure. Long. $4^{m}80$; haut. $0^{m}25$.

87 — Coupe ancienne guipure, dessin à grands ramages. Long. $4^{m}20$; haut. $0^{m}17$.

88 — Volant en ancienne guipure. Long. $4^{m}95$; haut. $0^{m}20$.

89 — Coupe d'ancienne guipure, dessin à rinceaux. Long. $5^{m}60$; haut. $0^{m}22$.

90 — Coupe en vieux venise, dessin à fleurs en relief sur fond à rinceaux. Long. 3^{m}; haut. $0^{m}60$.

91 — Six petites Coupes en vieux point de Venise, dessin entrelacs et fleurs avec parties en relief.

92 — Paire de Manches en vieux point de Venise, dessin semis de feuillage et rinceaux. Long. $0^{m}80$.

93 — Barbe en ancien point de Venise, dessin à branchages feuillagés. Long. $1^{m}10$; haut. $0^{m}07$.

94 — Coupe guipure italienne. Long. $4^{m}60$; haut. $0^{m}20$.

95 — Très beau Volant en guipure d'Angleterre, dessin à rinceaux et fleurs. Long. $3^{m}80$; haut. $0^{m}65$.

96 — Coupe en guipure de Venise, dessin à semis de feuillages. Long. $4^{m}10$; haut. $0^{m}25$.

97 — Coupe en ancienne guipure de Venise, à fleurs et feuillages entourés de rinceaux. Long. $4^{m}15$; haut. $0^{m}22$.

98 — Volant en guipure de Venise, dessin à larges rinceaux feuillagés, bords festonnés. Long. $4^{m}10$; haut. $0^{m}20$.

99 — Coupe en ancienne guipure de Venise ornementée de rinceaux et de feuillages. Long. $3^{m}70$; haut. $0^{m}18$.

100 — Coupe en guipure de Venise, dessin à rinceaux. Long. $4^{m}40$; haut. $0^{m}18$.

101 — Coupe en guipure de Valenciennes. Long. $4^{m}00$; haut. $0^{m}21$.

102 — Coupe en guipure de Valenciennes. Long. 2m15 ; haut. 0m12.

103 — Volant en point d'Argentan à bords festonnés, le fond à guirlandes de fleurs et de feuillages.

104 — Deux coupes de crochet vénitien pour garniture.

105 — Coupe en vieux venise, bordure dentelée, dessin à palmes, et feuillages variés d'une grande finesse. Long. 3m75 ; haut. 0m08.

106 — Coupe de vieux point de Venise, dessin à cornes d'abondance, fleurs et feuillages. Long. 5m15 ; haut. 0m08.

107 — Coupe en point de Venise, réseaux quadrillés, dessin à palmes, fleurs et feuillages, bords festonnés. Long. 2m20 ; haut. 0m06.

108 — Coupe en vieux point de Venise, joli dessin à fleurs et ornements sur réseaux très fins avec contours en relief. Long. 3m80 ; haut. 0m06.

109 — Quille en vieux point de Venise. Long. 1m10.

110 — Garniture de corsage en point de Venise, dessin à fleurs et fruits. Long. 1m85.

111 — Deux Manches en guipure de Valenciennes. Long. 1m30.

112 — Pèlerine en guipure d'Angleterre, à dessins Louis XIV.

113 — Pèlerine en guipure d'Angleterre.

114 — Barbe en ancienne guipure de soie, travail vénitien, dessin très brillant avec parties en relief.

115 — Deux Coupes point d'Alençon, le fond orné d'une guirlande d'entrelacs et de feuillages, bordure dentelée enlacée de fleurettes. La première : long. 4m10, haut. 0m07 ; la deuxième : long. 3m50, haut. 0m06.

116 — Barbe en ancien point d'Argentan. Long. 1m05.

116 *bis*. — Coupe d'ancien point d'Argentan. Long. 1m70.

116 *ter*. — Fond de bonnet en ancien point d'Argentan.

117 — Barbe en ancien point d'Argentan, dessin à guirlandes de roses. Long. 1m05 ; haut. 0m09.

118 — Deux Manches en point d'Angleterre, dessin à fleurs et branchages. Long. 1m70.

119 — Coupe d'ancien point d'Argentan, dessin à palmes et feuillages. Long. 1m20 ; haut. 0m09.

120 — Deux Manches en point d'Argentan, mesurant environ 1 mètre de long.

121 — Coupe en vieux point de Venise. Long. 1m30 ; haut. 0m07.

122 — Coupe d'ancien point de Venise. Long. 1m85 ; haut. 0m06.

123 — Coupe en ancien point de Venise, dessin très délicat. Long. 1m00 ; haut .0m06.

124 — Volant en ancien point d'Angleterre, ornementé de fleurs et feuillages au milieu de larges rinceaux. Long. 4m20 ; haut. 0m40.

125 — Deux Garnitures de corsage en point d'Argentan, réseaux quadrillés semés d'étoiles, dessin à bouquets de fleurs et bords dentelés. Long. 2m70.

126 — Tablier garni d'une très belle bordure en ancienne guipure de Venise.

127 — Nœud en vieux point de Venise, dessin à fleurs en relief sur fond à rinceaux.

128 — Col et Manches en vieux point de Venise, dessin à contours en relief.

129 — Coupe de vieux point d'Argentan, dessin à guirlandes. Long. 1m60 ; haut. 0m08.

130 — Coupe de point d'Argentan. Long. 1m75 ; haut. 0m07.

131 — Coupe en vieux point d'Alençon, dessin aubépine, jolie bordure. Long. 4m ; haut. 0m07.

132 — Coupe en ancien point d'Alençon, dessin à fleurettes, avec bordure à rinceaux. Long. 4m ; haut. 0m08.

133 — Coupe en vieux point d'Alençon, dessin à fleurons Long. 6m30 ; haut. 0m08.

134 — Coupe en vieux point d'Alençon, dessin à fleurettes et bords à entrelacs. Long. 2^{m}80; haut. 0^{m}07.

135 — Barbe en vieux point d'Alençon, dessin semé de fleurs et de feuillages, bordure à guirlandes. Long. 1^{m}65.

136 — Coupe en ancien point d'Alençon, bordure à guirlandes, fond semé de fleurettes. Long. 3^{m}; haut. 0^{m}07.

137 — Grand Col en point de Venise, à fleurs et ornements variés, bords dentelés.

138 — Coupe de point d'Angleterre, dessin à fleurs. Long. 3^{m}65; haut. 0^{m}09.

138 *bis* — Fond de bonnet même point.

139 — Fichu en point d'Angleterre.

140 — Coupe de point d'Angleterre à dessin très fin, fleurs et feuillages. Long. 0^{m}65.

141 — Coupe de point d'Angleterre, dessin à branchages et ornements variés. Long. 3^{m}65; haut. 0^{m}11.

142 — Deux Quilles et une Barbe en point d'Angleterre, mesurant environ 6 mètres de long.

143 — Coupe d'ancien point d'Angleterre. Long. 0^{m}85; haut. 0^{m}05.

144 — Barbe en point d'Angleterre, bords festonnés, dessin à bouquets de fleurs.

145 — Coupe en vieux point d'Angleterre, dessin à vases de fleurs. Long. $0^{m}60$; haut. $0^{m}05$.

146 — Barbe en guipure d'Angleterre, dessin à fleurs et feuillages. Long. $1^{m}10$.

147 — Coupe en ancienne guipure, à bords dentelés, dessin à fleurs et feuillages. Long. $3^{m}15$; haut. $0^{m}06$.

148 — Jolie Coupe en ancienne dentelle de Malines d'une extrême finesse. Long. $5^{m}20$; haut. $0^{m}08$.

149 — Coupe en ancienne dentelle de Malines, dessin à larges feuilles et bordure formant lambrequins. Long. $1^{m}30$; haut. $0^{m}06$.

150 — Coupe en ancienne dentelle de Malines, à bords festonnés, dessin très fin à grands feuillages et rinceaux. Long. 3^{m}; haut. $0^{m}04$.

151 — Beau Tapis en crochet de Venise, avec large bordure à rosaces et dentelure.

152 — Dessus de chaise et deux dessous de lampe en guipure.

153 — Beau Volant en ancienne guipure de Venise, dessin à baldaquins, papillons et branchages. Long. $3^{m}35$; haut. $0^{m}32$.

154 — Garniture de corsage en point d'Argentan, à fleurs et feuillages. Long. $1^{m}30$.

155 — Deux cols en ancienne dentelle de Malines, et un col en point d'Angleterre.

156 — Coupe de guipure de Valenciennes. Long. 3^m15; haut. 0^m10.

157 — Volant en point à l'aiguille. Long. 6^m; haut. 0^m25.

158 — Pointe à l'aiguille.

159 — Deux Volants, feuilles d'éventail et un mouchoir en point à l'aiguille, dessin à lambrequins et gerbes de fleurs.

160 — Fichu et mantelet en dentelle blanche.

161 — Deux tours de corsage en point de Venise, dessin à fleurs.

162 — Volant en point à l'aiguille, dessin à gerbes de fleurs et guirlandes, bordure festonnée. Long. 3^m50.

163 — Volant en guipure de Venise, dessin à grands rinceaux, feuillages, contours en relief.

164 — Volant à guipure de Venise, dessin à fleurs. Long. 2^m20; haut. 0^m07.

165 — Volant dentelé en guipure de Venise, dessin à fleurs et rinceaux. Long. 2^m65; haut. 0^m09.

166 — Très belle robe en point d'Angleterre, fond en feuilles de palmier avec quilles à roses et feuillages, bordure et traîne à rinceaux et ornements.

167 — Beau Châle en point d'Angleterre, offrant aux écoinçons des bouquets de fleurs, à très riche bordure d'ornements quadrillés fins, grands feuillages, fleurs et branchages.

168 — Fichu en application d'angleterre.

169 — Sept coupes dentelle blanche.

169 *bis* — Quatre coupes de malines.

169 *ter* — Cinq coupes de dentelle étroite pour garniture.

169 *quater* — Coupe d'entre-deux en valenciennes.

169 *quinq.* — Six coupes de dentelles diverses.

170 — Volant en application. Long. 5m50.

170 *bis* — Autre volant analogue. Long. 6m75.

170 *ter* — Ombrelle et mouchoir analogues.

171 — Pointe en dentelle blanche.

172 — Six coupes de dentelle et un mouchoir en point à l'aiguille.

173 — Sept mouchoirs garnis de dentelle blanche et cinq feuilles d'éventail en dentelle blanche.

Sera divisé.

174 — Neuf mouchoirs garnis de valenciennes.

175 — Quinze mouchoirs garnis de broderie.

176 — Volant en guipure, dessin à fleurs. Long. 4m90; haut. 0m10.

177 — Treize coupes de dentelle blanche, dessins variés.
Sera divisé.

177 *bis* — Une pointe.

178 — Cinq coupes de point à l'aiguille, dessins variés.

179 — Huit Barbes et Fichus en dentelle et point à l'aiguille; col, deux manches, corsage et deux dessus d'ombrelle analogues.
Sera divisé.

180 — Quatre cols et quatre paires de manches garnis de dentelle.

181 — Fichu et deux manches en valenciennes.

182 — Corsage et dix-sept coupes de garniture en guipure au crochet.

183 — Onze coupes d'entre-deux au crochet.

184 — Beau Volant duchesse en angleterre, à riches dessins de fleurs, feuillages et ornements. Long. $4^{m}80$; haut. $0^{m}65$.

185 — Garniture en dentelle noire et blanche, composée de sept volants, un col, deux manches et un mouchoir.

186 — Trente-quatre coupes de valenciennes.

187 — Quarante-six coupes d'entre-deux en valenciennes.
Sera divisé.

188 — Quarante coupes d'entre-deux en valenciennes.

189 — Cinq volants, une barbe et un éventail en valenciennes.

190 — Quatre fichus dentelle espagnole.

191 — Sept mantilles et fichus en blonde espagnole.

191 *bis* — Deux volants analogues.

192 — Quatre mantilles en dentelle espagnole noire.

193 — Sept mantilles et mantelets en dentelle espagnole.

194 — Col et manches, deux cravates, deux fichus, un volant en blonde.

195 — Châle, une pointe, un voile, un fichu, un dessus d'ombrelle et trois volants en application.

196 — Sept coupes de guipure moderne, dessins variés.

Sera divisé.

197 — Cinq coupes de malines, dessins variés.

198 — Huit coupes de garniture au crochet.

199 — Volant en crochet. Long. $15^{m}50$; haut. $0^{m}30$.

200 — Douze pièces : col, cravate et manches en dentelle torchon.

201 — Tablier en broderie, garniture de chemisette, ombrelle, barbe, pointe, volant et bandeau en guipure.

Sera divisé.

202 — Volant dentelé en valenciennes.

203 — Cent quarante-deux coupes dentelle de Bride.

204 — Devant d'autel en crochet.

205 — Mantelet, jupe, châle, deux fichus, une pointe, sept grands volants, cinq coupes pour garniture, deux manches en chantilly.

Sera divisé.

206 — Deux mantelets, un corsage, trois pointes et deux écharpes en chantilly.

Sera divisé.

207 — Cinq grands volants en chantilly.

208 — Cinquante-deux coupes de dentelle de Chantilly, dessins variés, en différentes largeurs.

209 — Garniture de costume en chantilly, composée d'un grand volant, un autre plus étroit, deux éventails, deux ombrelles, deux petites barbes et un nœud.

210 — Deux pointes, deux écharpes et deux fichus en chantilly.

211 — Mantelet, ombrelle et deux volants en chantilly.

212 — Lot de coupes et de morceaux de chantilly.

213 — Soixante-deux coupes, volant et entre-deux en guipure noire.

214 — Nombreuses pièces de dentelles noires et blanches.

Sera divisé.

215 — Nombreuses coupes d'entre-deux, dentelles torchon.

Sera divisé.

SUCCESSION de Mme Veuve MARIE BLANC

TABLEAU DES VENTES

QUI AURONT LIEU ULTÉRIEUREMENT

Sixième Vente. BEAUX BIJOUX, les 16, 17 et 18 Février 1882.

Septième Vente. BEAUX BIJOUX, DIAMANTS ET PIERRES SUR PAPIER, les 23, 24 et 25 Février 1882.

Huitième Vente. OBJETS DE LA CHINE, les 1er, 2 et 3 Mars 1882.

Neuvième Vente. BEAUX BIJOUX et TABATIÈRES, les 6, 7 et 8 Mars 1882.

Dixième Vente. OBJETS D'ART et de CURIOSITÉ, les 13, 14 et 15 Mars 182.

8827. — Paris, imprimerie Jouaust, 338, rue Saint-Honoré.

Succession de Madame Veuve Marie BLANC

CARTE D'ENTRÉE

A L'EXPOSITION PARTICULIÈRE DU MARDI 7 FÉVRIER 1882

De 1 heure et demie à 5 heures et demie

HOTEL DROUOT, SALLE Nº 8

MAGNIFIQUES DENTELLES

COMPOSANT LA CINQUIÈME VENTE

COMMISSAIRES-PRISEURS :

Me ESCRIBE Rue de Hanovre, 6	Me PAUL COUTURIER Boulevard des Italiens, 9

EXPERTS :

M. A. BLOCHE Rue Laffitte, 44	M. CH. GEORGE Rue Laffitte, 12

8839 — Imp. Jouaust.

www.ingramcontent.com/pod-product-compliance
Ingram Content Group UK Ltd.
Pitfield, Milton Keynes, MK11 3LW, UK
UKHW020528180726
13839UKWH00005B/2374